SYNDICAT LYONNAIS

D'EXPLORATION A MADAGASCAR

Société Anonyme au Capital de 110.000 francs

CONFÉRENCE

Faite à la Société de Géographie de Lyon

LE 21 NOVEMBRE 1897

Par MM. MEURS & BOUSSAND

Ingénieurs du Syndicat Lyonnais d'Exploration à Madagascar

Syndicat Lyonnais d'Exploration à Madagascar

Société Anonyme au Capital de 110.000 francs

CONFÉRENCE

Faite à la Société de Géographie de Lyon, le 21 Novembre 1897

Par MM. MEURS & BOUSSAND

Ingénieurs du Syndicat Lyonnais d'Exploration a Madagascar

Mesdames, Messieurs,

Dans cette étude des principales richesses de Madagascar, nous nous efforcerons d'envisager les diverses ressources de notre nouvelle colonie au point de vue spécial et plus particulièrement pratique du futur colon désireux d'aller faire fructifier au loin son intelligence et son activité.

Car, nous n'oublierons pas, Messieurs, que nous parlons ici devant un public représentant une population au milieu de laquelle ont germé ces idées d'expansion coloniale si discutées autrefois, si nettement victorieuses aujourd'hui. Et victorieuses, grâce à d'intelligentes et heureuses initiatives issues en grande partie de l'active cité lyonnaise.

En Algérie, en Tunisie, au Tonkin, le Lyonnais se signale par son esprit actif et entreprenant, et chacun de vous a sur les lèvres les noms de ces remarquables initiateurs dont l'énergie, hier encore et pour la plus grande gloire du pays, allait chercher des ressources nouvelles, créer des débouchés nouveaux au cœur même de la Chine.

A Madagascar enfin, sur huit Sociétés accourues tout d'abord, trois sont lyonnaises.

Le fait est caractéristique et vous avez le droit, Messieurs, d'en être fiers.

Le développement des idées coloniales nous permet d'envisager la possibilité de retrouver à Madagascar un certain nombre d'entre vous, c'est pourquoi nous espérons vous intéresser en étudiant notre nouvelle possession au point de vue spécial des ressources que devra y développer le futur colon. L'étude qui suit est l'œuvre autant de M. Meurs que de moi-même ; vous me permettez donc de vous en donner lecture.

Chargés par le Syndicat Lyonnais d'Exploration à Madagascar d'une mission dans l'Ile, nous arrivions, M. Meurs et moi, à Tananarive dans les premiers jours de novembre 1895, c'est-à-dire au lendemain de la conquête. Un mois après, nous partions explorer les provinces minières du Betsileo. Ces prospections, qui nous mènent beaucoup plus loin que nous ne le pensions tout d'abord, furent poussées au-delà des territoires Antalana du sud jusque chez les Bara. Elles représentent un peu plus de cinq mois de voyages continus.

L'insurrection n'avait pas encore éclaté et nous pûmes regagner la capitale sans trop d'incidents. Nous rentrions cependant — chose qui n'est banale qu'à Madagascar — avec du sang royal dans les veines, ayant eu à procéder au « fatidra », c'est-à-dire, à l'échange du sang — serment d'inviolable amitié — avec divers roitelets. Nous ne vous décrirons pas cette cérémonie. Vous avez pu en lire, dans un des derniers numéros du journal le *Temps*, une description dont le luxe de détails dénote chez l'auteur une imagination d'une rare fécondité.

Notre séjour chez les Bara, tribus turbulentes et guerrières, fut marqué par quelques coups de feu que nous eûmes à échanger avec une bande de pillards. Ignorants du reste de notre présence, ils étaient venus, au milieu de la nuit, attaquer le village où nous avions trouvé l'hospitalité.

Ce n'étaient, heureusement, que des Fahavalos de l'ancien temps, du temps d'avant l'insurrection, simples voleurs de bœufs et ravisseurs de femmes. Car, chez ces gens plutôt frustes et de cerveau simpliste, lorsqu'un village souffre d'une pénurie de jeunes filles à marier, les hommes ont tôt fait, armés de sagaies et de fusils, d'aller en chercher au plus prochain village ennemi. Ces aimables jeunes gens ont, dans ce cas particulier, la délicatesse de n'exiger aucune dot, et s'ils prélèvent quelques bœufs — voire même le troupeau entier — c'est afin de pouvoir célébrer plus dignement et avec plus d'éclat les fêtes nuptiales. C'est là du moins l'explication que crut devoir nous donner le fameux Idambo, roi d'Ivohibe, coupable lui-même de nombreuses frasques de ce genre.

Quelques jours après notre retour à Tananarive, l'insurrection éclatait et, se propageant avec une rapidité extraordinaire, interdisait bientôt toute sortie au dehors.

Cependant, au milieu de l'effervescence générale, l'Extrême Nord, c'est-à-dire la partie comprise entre le parallèle de Béfandriana et Diégo-Suarez, région absolument inexplorée jusqu'à ce jour, très en dehors de la zone d'influence directe de la Cour d'Imérina, restait calme et les nouvelles de Vohémar ne relataient aucun incident fâcheux.

M. Meurs résolut de mettre à profit cette période d'inaction forcée pour tenter quelques explorations dans cette contrée encore vierge. De Mai à Octobre, dans un voyage remarquable, il effectue plus de 1,400 k. d'itinéraires présentant le plus grand intérêt au point de vue des richesses agricoles, forestières et minières.

Peu de temps après le départ de M. Meurs, j'avais pu, de mon côté, grâce à la bienveillance de M. le général Gallieni, effectuer, en compagnie de M. Grosclaude, un voyage de reconnaissance sur la côte Ouest, dans le Ménabé.

Enfin, de Janvier à Mai 1897, grâce encore à l'obligeance du Gouverneur général, qui voulut bien m'autoriser à suivre diverses opérations militaires, il me fut possible d'étudier les gisements aurifères de l'Est, depuis Tsinjoarivo, les fameuses mines exploitées autrefois par l'ex-premier ministre Rainilaiarivony, jusqu'à Ambrosita, limite du Betsileo, c'est-à-dire jusqu'aux territoires déjà prospectés par nous au cours de notre premier voyage. — Tous ces itinéraires ont été relevés par nous topographiquement.

Sachant combien il est dangereux d'émettre sur un pays une opinion basée sur l'étude, même très approfondie, d'une seule région localisée — et c'est malheureusement ce qui, jusqu'ici, a presque uniquement été fait, et ce qui explique les divergences de vues et contradictions si déconcertantes dans les jugements émis — nos prospections à Madagascar furent dirigées en vue d'arriver à une estimation, aussi exacte que possible, des ressources de l'Ile en général. Poursuivies pendant près de deux années, elles nous ont permis de fonder notre opinion sur un nombre considérable de constatations personnelles effectuées dans les régions les plus diverses. Ce sont les résultats de ces constatations, au point de vue tant minier qu'agricole et forestier, que nous allons avoir l'honneur, Messieurs, de vous communiquer.

La question minière est délicate et des plus controversées. Tenant à rester, dans cette partie toute spéciale, aussi nets et précis que possible, nous vous soumettrons les conclusions de notre rapport de mission sur ce sujet.

Note sur les Ressources Minières de Madagascar

« Avant l'occupation définitive de Madagascar, l'on ne possédait sur
« les richesses minières de l'Ile que des renseignements très vagues. De
« nombreux explorateurs sillonnaient bien depuis longtemps le sol vierge,
« rapportant des documents géographiques considérables et des collections
« précieuses, mais le manque de connaissances spéciales, les difficultés
« que l'on éprouvait dès qu'il s'agissait d'aborder la question des mines
« — de l'importance de laquelle l'ex-premier ministre s'était rendu un
« compte exact — n'avait permis à aucun de se former une opinion tablant
« sur des faits et des constatations personnelles.

« Seul, quelques années avant la guerre, un ingénieur, M. Daléas,
« avait pu prospecter librement la région Est comprise entre Tananarive
« et Ambosika. Le rapport de M. Daléas n'ayant pas été publié, le public
« devait s'en tenir aux présomptions vagues des voyageurs.

« Les renseignements étaient généralement favorables. L'on s'accordait
« à voir, en Madagascar, un pays minier de premier ordre où l'or devait
« provoquer un mouvement énorme dès que la conquête le permettrait.
« Ne parlait-on pas d'un nouveau Transvaal ? Certaines personnes même ne
« voyaient-elles pas déjà dans les formations auritères de Madagascar le
« prolongement des reefs de l'Afrique du Sud ?

« Dès que l'occupation fut définitive, de nombreux prospecteurs se
« précipitèrent et se répandirent un peu partout. Plusieurs furent assas-
« sinés, les autres rentrèrent à Tananarive après une prospection rapide
« généralement peu concluante. Alors commença une longue période
« d'inaction — l'insurrection menaçant la ville même — durant laquelle
« les ressources s'épuisèrent et le découragement vint. Chacun ne songea
« bientôt plus qu'à quitter le sol peu accueillant où nul n'avait encore
« rencontré le coup de fortune qui met du vertige dans les têtes et pro-
« voque les exodes en masse vers les contrées les plus inhospitalières.

« A cette période d'affaissement correspond naturellement un courant
« d'opinion pessimiste. Plus rien : de l'or un peu partout, il est vrai, mais
« d'affaire sérieuse nulle part. Pas de filons, pas de criques à teneurs
« considérables, une moyenne générale peu élevée qui n'enthousiasme pas.
« Et les prospecteurs, sortes de joueurs dont l'imagination demande à
« être constamment surexcitée, s'en vont.

« Survient le général Gallieni, et bientôt, grâce à ses qualités bien

« connues et appréciées de militaire et d'administrateur, grâce également
« à l'esprit d'initiative, à la bienveillance qu'il apporte à encourager et
« faciliter les efforts de tous, les quelques prospecteurs tenaces qui
« résistent encore peuvent se remettre en route, et leurs travaux vont
« enfin permettre de se rendre un compte à peu près exact de la valeur
« des richesses minières de Madagascar.

« Nos prospections portèrent successivement sur les formations du
« Betsileo, que nous pûmes suivre en pays Bara et Antanala, sur les
« alluvions de l'Est, particulièrement intéressantes dans les régions de
« Tsinjoarivo et Ambosika, sur les gisements de l'Ouest depuis le Mahajillo
« jusqu'au Manambolo, enfin sur ceux du Nord jusqu'à hauteur de Vohémar
« et Loky.

« **Régions Sud-Betsileo.** — Les territoires miniers du Betsileo, dont la
« réputation attira tout d'abord les premiers prospecteurs, se recommandent
« par des avantages exceptionnels : salubrité parfaite, main-d'œuvre, eau et
« bois en abondance. Les alluvions aurifères sont uniquement constituées
« par des alluvions anciennes de vallées, les zones riches se trouvant au
« point où les cours d'eau recoupent des venues éruptives de roches amphi-
« boliques minéralisées à de très faibles teneurs.

« Cette formation comprend toute la série des gisements situés entre
« Ambohimandroso et Ambohimanga, parmi lesquels nous citerons ceux si
« connus d'Itaolana, Anasaha, Tambelo, Ambohimalaza, etc...

« Les teneurs assez élevées de ces alluvions, la multiplicité des vallées
« minéralisées, les facilités d'une exploitation n'exigeant qu'un matériel des
« plus restreints (sluices) permettront l'établissement de très nombreuses
« affaires qui, *économiquement menées* et n'ayant qu'un *capital peu élevé* à
« rémunérer, donneront certainement d'excellents résultats.

« **Région Est.** — Tout autres sont les gisements qui s'étendent sur près
« de cent kilomètres, depuis Ambositra jusqu'à Ambohimahavony, ou mieux
« jusqu'aux sources de l'Ikopa. Les gneiss et les roches amphiboliques font
« place aux micaschistes et chlorisoschistes avec venues interstratifiées de
« quartz blanc, grenu, se désagrégeant facilement. Ces venues quartzeuses
« atteignent parfois des puissances considérables : deux cent cinquante
« mètres à Anavala, plus de quatre cents mètres à Ilaka; elles sont presque
« stériles ; cependant nous avons rencontré parfois des teneurs d'environ
« un gramme d'or à la tonne.

« Les alluvions anciennes de plateaux dominent, avec des teneurs géné-
« ralement plus faibles que dans le Sud ; mais les cubes à exploiter sont
« considérables et pourraient motiver des installations perfectionnées.

« L'eau et le bois sur place permettront, par le groupement de conces-
« sions contiguës, l'établissement, à peu de frais, de vastes exploitations
« pouvant rémunérer des capitaux sérieux. Tels sont les gisements de
« Tsinjoarivo, Sarobaratra, les fameuses mines de Rainilaiarivony, Anvohi-
« mahavony, Sahatareldrika, Tandrokazo, Ambato-meraty, Andranoflto, etc.

« **Région Ouest.** — Sakeny, Betsiriry, Manandaza, Ankavandra.
« — L'on a fait et l'on fait encore beaucoup de bruit à Madagascar, ou plutôt
« à Tananarive, autour des gisements aurifères de l'Ouest, gisements situés
« en pays Sakalave, et notamment dans les régions du Sakeny, Betsiriry,
« Manandaza, etc... Nous avons pu visiter les districts de Manandaza et
« Ankavandra où les Malgaches plaçaient auparavant des gisements d'une
« richesse extraordinaire.

« Deux points, Rafiatokona et Lazao, remarquables par des alluvions
« récentes riches et des venues dioritiques à vénules quartzeuses aurifères,
« méritent [une étude sérieuse et pourraient peut-être donner lieu à des
« exploitations avantageuses. Partout ailleurs, l'exiguité des formations,
« leurs faibles teneurs ne permettent pas d'augurer un développement
« minier important.

« Nous souhaitons qu'il n'en soit pas de même du Betsiriry, sans
« toutefois oser trop l'espérer. Nous avons en effet longé pendant plusieurs
« jours le fleuve Nahajilo, à gauche duquel s'étend cette région, et elle nous
« a semblé offrir, si toutefois elle possède des gisements intéressants, des
« obstacles difficilement surmontables à toute exploitation méthodique par
« des procédés européens : une insalubrité terrible, un manque absolu de
« main-d'œuvre, des moyens d'accès presque nuls — les fleuves de la côte
« Ouest ne pouvant être remontés en pirogue que jusqu'au pied des hauts
« plateaux. Ce sont là des éléments d'insuccès contre lesquels ne peuvent
« lutter que des gisements d'une richesse remarquable et comme il n'en a
« malheureusement point encore été rencontré à Madagascar.

« **Région Nord.** — Concession Suberbie-Mahajinba. — Extrême-
« Nord. — Reste la zone Nord de l'île, qui comprend d'un côté la concession
« Suberbie, de l'autre les régions aurifères du bassin de la Mahajamba et
« de l'extrème Nord.

« **Concession Suberbie.** — Les vastes territoires de la concession
« Suberbie offrent de très nombreux points minéralisés, dont quelques-uns
« exceptionnellement riches. Chacun de ces points, le plus souvent très
« éloignés les uns des autres, constitue un centre d'exploitation spécial.

« L'affaire d'ensemble se présente donc comme un bloc d'excellentes

« petites affaires complètement indépendantes, dont la mise en œuvre
« économique, par simples « sluices », c'est-à-dire avec un matériel à créer
« sur place, peu coûteux et d'une installation facile, permettrait la rémuné-
« ration d'un capital, même considérable.

« Et là se retrouve le côté particulièrement intéressant des gisements de
« l'île entière, qui est de présenter presque toujours un cube d'alluvions
« riches, faciles à exploiter à très peu de frais, et susceptibles de donner,
« tout d'abord, des bénéfices suffisants pour l'étude approfondie qui, en
« aucun point, n'a encore été faite, soit des filons quartzeux, soit des venues
« amphiboliques aurifères.

« En tant que territoire minier, la concession Suberbie garde, en somme,
« une valeur incontestable. Elle a malheureusement contre elle la pénurie
« de main-d'œuvre, et la charge d'un capital formidable.

« Extrême-Nord. — L'extrême Nord de l'Ile, presque inconnu jusqu'à
« ce jour et qui n'a guère été révélé que par les itinéraires très complets de
« M. Meurs, semble s'annoncer comme la région à tous les points de vue la
« plus intéressante.

« La forêt y acquiert une ampleur remarquable, les essences à caout-
« chouc, les bois précieux abondent, le café, le cacaoyer, le coprah, le tabac,
« qui partout ailleurs végètent et ne donnent que des mécomptes, réussis-
« sent merveilleusement. Enfin, les formations aurifères y revêtent un
« caractère particulièrement intéressant.

« De grosses formations de graviers cimentés y ont été rencontrées,
« ainsi que des conglomérats en véritables reefs, pauvres, il est vrai, dans
« les zones reconnues, mais dont l'étude devra être poursuivie attentive-
« ment.

« Conclusion. — La situation minière de l'Ile peut donc se résumer
« ainsi :

« Jusqu'à ce jour, aucun filon, aucune formation en roches susceptibles
« d'être exploitées, mais un peu partout des alluvions à teneur suffisamment
« élevée.

« Dans le Betsileo et une grande partie de l'Imerina, *de très nombreuses*
« *petites affaires* qui, *avec des capitaux restreints*, un matériel peu onéreux,
« *une grande économie* dans les frais généraux, devront donner immédiatement
« d'excellents résultats et apporter de suite un contingent énorme à la
« colonisation dans les hauts plateaux.

« Dans l'Est, des gisements copieux, assurant, par *groupement*, des
« exploitations abondantes, faciles, qui permettront d'amortir des *capitaux*
« *relativement élevés*.

« Dans l'Ouest, à part les deux concessions citées plus haut, des
« gisements d'une exploitabilité encore problématique et dont la mise en
« œuvre, dans tous les cas, présentera des difficultés presque insurmon-
« tables.

« Dans le bassin de la Mhajanda, des alluvions riches, mais situées
« dans une région exceptionnellement malsaine, sans voie d'accès, inexploi-
« tables, par conséquent, avant de nombreuses années. Il faut actuellement
« considérer ces gisements, ainsi que ceux de la région Ouest, comme une
« *réserve considérable pour l'avenir*, alors que le développement de la
« colonie, et des efforts encouragés par l'appât des ressources à mettre au
« jour, permettront d'envisager sans trop de crainte la solution pratique
« des gros problèmes de pénétration facile et de main d'œuvre économique.

« Enfin, dans l'extrème Nord, des formations toutes spéciales offrant
« des cubes considérables, et qui, jointes aux ressources agricoles, fores-
« tières et autres de cette partie de l'Ile plus particulièrement favorisée,
« permettent de lui prédire un essor rapide et brillant.

« En somme, si notre nouvelle colonie n'est en rien un pays à or
« analogue à ces Eldorados — Californie, Australie, Transvaal — dont les
« richesses fabuleuses suffirent à mettre en marche des millions d'êtres, il
« est incontestable cependant qu'elle possède des richesses effectives,
« susceptibles de concourir activement à la colonisation rapide du pays.

« Nous gardons la conviction, qu'avec une administration prudente et
« sage, soucieuse d'attirer et de garder le colon en lui facilitant sa tâche, en
« lui évitant, au début de ses efforts, les impôts trop lourds et trop immédiats,
« en sachant attendre avant d'appliquer trop rigoureusement des lois trop
« dures, la richesse minière demeure l'élément essentiel du développement
« rapide et certain de notre nouvelle colonie.

« Mais les ressources minières, si intéressantes qu'elles puissent être,
« ne suffisent pas à assurer une prospérité durable. La véritable richesse
« d'un pays réside dans son sol plutôt que dans son sous-sol. Que seraient
« aujourd'hui la Californie et l'Australie, si, à côté de leurs gisements prodi-
« gieux qui suffirent tout d'abord à attirer des populations entières, ces
« régions n'avaient offert des ressources agricoles telles que leur mise en
« valeur les place au nombre des pays les plus riches et les plus prospères ?

« Une mine s'épuise vite ; la fertilité d'un sol demeure.

« L'avenir agricole de notre nouvelle colonie répond-il à son avenir
« minier ? Nous le croyons. De même que nous sommes convaincus que les
« mécomptes que l'on a eu à enregistrer sont dûs uniquement à une étude
« insuffisante ou mal dirigée des conditions géologiques et climatériques.
« Madagascar offre, en effet, au point de vue du climat et du sol, deux zones

« bien distinctes : la zone côtière, chaude et humide, où la plupart des
« cultures tropicales pourront être entreprises, et la zone centrale, plutôt
« froide, qui leur est absolument contraire, mais où, par contre, tous les
« fruits, légumes et graines d'Europe se trouvent fort bien.

« A Madagascar, comme partout ailleurs, certaines régions sont plus ou
« moins favorables à certains produits spéciaux. N'allons donc point, soucieux
« avant tout de nos propres commodités — voisinage agréable, proximité
« d'un centre, salubrité parfaite — cultiver au Sud ce qui réussit au Nord
« et réciproquement. De trop nombreux exemples attestent déjà que les
« mécomptes sont, en ce cas, aussi rapides que cruels. »

RESSOURCES AGRICOLES

Plateau central. — La question du café à Madagascar a soulevé et
soulève encore autant de controverses que la question de l'or. — Notre
nouvelle colonie est-elle, oui ou non, une terre propice à cette culture si
intéressante ? Nous répondrons très catégoriquement « Oui » pour certaines
parties des côtes et l'ensemble de l'extrême Nord ; « Non » pour toute la zone
des hauts plateaux.

Quels sont les caractères principaux des terrains éminemment favorables à la culture du caféier ? Au Brésil et au Mexique, on distingue deux
terres principales : la « terra roxa » — la plus estimée — et la « terra
massape ». Toutes les deux sont friables, légères, perméables à une
grande profondeur ; aussi le pivot principal de la plante peut-il se développer librement sans risque d'être arrêté par un obstacle, ce qui, infailli-
blement, provoque le dépérissement et la mort du sujet. — De plus, les
exploitations sont presque toujours, au Brésil du moins, situées en forêt,
c'est-à-dire merveilleusement abritées du vent, grand ennemi de ce genre
de plantation.

Or, les hauts plateaux de Madagascar sont entièrement constitués par
une argile rouge, compacte, très dure, absolument imperméable. Pour
remédier à cela, on emploie un mode spécial de culture : des trous
immenses, dépassant souvent un mètre cube, sont creusés. Après un long
aérage de six mois, parfois un an, on mélange un tiers environ de la
terre retirée à deux tiers de fumier, cendres, humus de rizière, etc... Et
l'on repique le jeune plant dans le trou ainsi préparé.

C'est en somme une véritable culture en pots, mais en pots que l'on ne peut changer au fur et à mesure de la croissance de la plante, en pots qui rapidement deviennent trop étroits, et dans lesquels, au bout de peu d'années, le caféier s'étiole et meurt après avoir, par la vigueur des débuts, donné les meilleures espérances, résisté même victorieusement aux premières atteintes de l'Hemileia.

De plus, les plateaux dénudés de la zone centrale n'offrent aucun obstacle aux vents violents et froids qui les balayent presque constamment et causent les plus grands dommages aux jeunes plantations. Le caféier demande, avant tout, à être très soigneusement abrité. Les indigènes l'avaient si bien compris, qu'ils n'essayaient cette culture qu'autour de leurs villages et dans les larges fossés qui les défendent. C'est ainsi que l'on peut remarquer un peu partout et à Tananarive même, à l'entour des maisons, des caféiers, de belle venue, chargés de fruits. De là à conclure, pour le voyageur, que sol et climat étaient favorables à ce genre de culture, il n'y avait qu'un pas et il fut souvent franchi.

L'expérience a du reste été faite. L'essai entrepris à Ivato, près de Tananarive, où, d'une vaste plantation, il reste à peine aujourd'hui quelques vestiges malingres, est concluante. Nous avons pu voir, d'autre part, dans le Betsileo, quelques cultures entreprises depuis quelques années, soit par des indigènes, soit par des européens ; toutes nous ont paru en voie de dépérissement.

Les cultures tropicales en général, n'ont, croyons-nous, aucune chance d'avenir dans les hauts plateaux. Par contre, tous les arbres fruitiers et les légumes d'Europe y réussissent fort bien. Nous avons pu voir, à Antsirabe, des essais de blé très satisfaisants, laissant prévoir la possibilité, avec des chaulages préalables, de produire nos diverses céréales. Le tabac, l'embrevade — dont on nourrit le ver à soie — le mûrier pourront être encore utilement cultivés ; mais ce sont là des cultures de petit rapport et peu rémunératrices.

Côte Est. — Le café Libéria donne des résultats excellents sur la côte Est jusqu'à Fort-Dauphin, spécialement dans les endroits où les eaux fluviales ont accumulé des couches suffisantes d'humus. Le Libéria est un arbuste vigoureux et très productif. Il donne un produit de qualité inférieure, mais le bas prix auquel il s'écoule est en partie compensé par le surplus de la production.

La canne à sucre, le cacaoyer, la vanille y seront utilement exploités. Le giroflier donne de bons résultats, notamment à Sainte-Marie. Les cultures à recommander plus spécialement, surtout dans certaines parties humides et fertiles des districts de Mahanoro et Mananjary, seraient le cacao, la vanille et le caoutchouc à feuille de manioc.

Sud. — Une des principales richesses de l'île résidait, il y a quelques années, dans les forêts d'euphorbes à caoutchouc, situées entre Fort-Dauphin et Tullear. Cette contrée a été explorée par un ingénieur de nos amis, M. Rechniewski, puis par M. Chapotte, inspecteur du service forestier.

D'euphorbes, il n'en existe plus ; les indigènes ont tout détruit, coupant les plans pour en extraire plus rapidement le suc précieux. Mais l'on songe à reconstituer cette abondante source de revenus, et nous croyons qu'il y aura, en ce sens, de très intéressantes exploitations à créer sans grands frais et sans aléas, l'euphorbe se trouvant là dans son terrain de production spontanée.

Nord. — L'extrême nord de l'île, hier encore complètement ignoré, nous semble être, à tous points de vue, appelé à concentrer les plus nombreux efforts de la colonisation européenne.

Il résulte, tout d'abord, des conditions géographiques mêmes du pays, des avantages énormes pour les futures exploitations. La côte Nord-Ouest, de Majunga à Diego-Suarez, extrêmement découpée, offre une série de baies profondes qui sont de merveilleux ports naturels. Chacune de ces baies reçoit de nombreux cours d'eau navigables, pour la plupart, très haut dans l'intérieur. La Sofia, la Loza, la Sambirano, l'Ifasy, la Mahavany peuvent être remontées en pirogue à deux et trois jours de marche de la côte. Je ne cite que les principaux. Quoi de plus précieux pour une entreprise quelconque que les voies naturelles permettant les transports les plus économiques.

D'autre part, sur la côte Nord-Est, Loky, Vohemar, Maroantsetra — ce dernier au fond de la baie d'Antongil — sont des ports suffisamment sûrs. Nous ne parlons pas de Diego-Suarez, un peu en dehors de la zone spéciale que nous voulons étudier. Depuis Loky jusqu'à Antalah, toutes les cultures tropicales peuvent être entreprises avec chances de réussite. Le café se trouve très bien de ces terres sablonneuses, et M. Meurs a rencontré, maintes fois, des caféeries de plusieurs centaines de pieds d'Arabica, déjà anciennes et très productives.

Nous croyons cependant que la culture à recommander dans cette région est plutôt celle du coprah. Le cocotier, dont les frais de culture sont les plus réduits, ne demande plus aucun entretien à partir de la troisième année ; il commence à rapporter à cinq ans et, à sept, peut donner un produit brut de 2 fr. 50 à 3 fr. par arbre. Cette exploitation est l'une de celles qui comporte le moins d'aléa ; aussi les Anglais ont-ils couvert de plantations de ce genre toutes les îles sablonneuses à proximité de Maurice. Aux Seychelles, l'exploitation du coprah fait la fortune de tout l'archipel. Le seul inconvénient de ce genre d'affaires est la lenteur de la production, laquelle, très tardive, nécessite au moins cinq années d'attente. Le colon, désireux de tirer de sa ferme un produit plus immédiat, pourra joindre à cela quelques plantations de vanille et de café rapportant dès la troisième année.

Nous arrivons maintenant à la région que nous considérons comme la plus intéressante au point de vue des cultures tropicales, celle dont nous ne saurions trop recommander l'étude attentive au colons désireux de fonder à Madagascar des exploitations agricoles, c'est-à-dire à la zone forestière qui s'étend des hauteurs de Befandriana jusqu'au fleuve Mahavavy, au Nord de Nossi-Bé. M. Meurs a rencontré là, à peu de distance de la mer, au contact des terrains éruptifs du massif central et des formations sédimentaires inférieures (grès et calcaires), à une altitude variant de 200 à 400 mètres, une série de vallées sensiblement parallèles à la côte, d'une surprenante fertilité. La forêt y acquiert une prodigieuse ampleur ; le sous bois qui, partout ailleurs dans l'Ile, fait des forêts d'inextricables fourrés, où l'on ne peut se faire jour que la hache à la main, disparait complètement, étouffé sous une futaie de plus de 30 mètres de hauteur.

Le sol friable, perméable, chargé d'humus, est d'une fécondité étonnante. La canne à sucre atteint 10 cm. de diamètre, le manioc y devient un arbre haut de 5 mètres, le tabac offre des feuilles de plus de 1 m. de longueur. Le café, le cacaoyer, y poussent avec une vigueur remarquable et donnent de superbes résultats. Enfin, comme nous allons le voir au cours de l'étude industrielle de ces forêts, la main-d'œuvre est abondante et le climat suffisamment salubre.

Forêts. — La zone boisée, qui s'étend de la baie d'Antongil à la montagne d'Ambre, et principalement la partie envisagée ci-dessus, nous paraît être, dans l'Ile, la seule méritant une étude approfondie en vue d'une exploitation méthodique. Partout ailleurs, excepté dans le Mavohazo et le Manerinerina, au-dessus de la baie de Baly, contrée mal connue encore et que l'on dit boisée, la forêt ne peut offrir qu'un intérêt d'industrie locale limitée aux seuls besoins du pays, étant donné son éloignement de la mer et l'absence totale de moyens de transports fluviaux. Tant à l'Est qu'à l'Ouest du plateau central, la forêt se réduit à une longue bande, large de 10 à 20 k., rarement plus. Aussi, les indigènes en ont-ils depuis longtemps exploité à fond les produits les plus intéressants : gomme, copal, dont les essences productives ont été presque totalement détruites.

Tout autre est l'immense massif forestier de l'Extrême Nord. De vastes étendues, encore absolument vierges, présentent un intérêt considérable, non-seulement au point de vue des bois précieux, mais surtout par l'abondance et la variété des essences à caoutchouc. Voici, du reste, à ce sujet, quelques notes prises sur place par M. Meurs :

Essences principales. — Une étude rapide nous a permis de déterminer une grande quantité d'essences à latex utilisable. Les principales sont :

Le *Barabanja*, dont nous avons reconnu trois espèces et qui se rencontre le plus souvent par groupes de 3 et 4 arbres et même davantage. Cet arbre donne un latex fournissant un caoutchouc très estimé.

Le *Lonzy*, l'*Ampalibe*, atteignent des proportions remarquables, 3 à 4 mètres de circonférence et jusqu'à 25 et 30 mètres de futaie. Leur latex est très abondant; on rencontre des arbres en produisant 8 à 10 litres. C'est là une exception, mais l'on pourrait certainement, sans nuire à leur conservation, tabler sur un produit moyen de 1 1/2 à 2 litres par arbre.

Le *Vinantana* produit un latex très foncé, presque noir, dont le caoutchouc a une élasticité remarquable. Les feuilles du *Vongo* et du *Mandraboka* renferment un lait abondant. Le bois, qui est imputrescible, sert à la construction des pirogues.

Les nombreuses variétés de lianes à caoutchouc, que les indigènes désignent sous le nom générique de *Dityvaha*, sont très abondantes et produisent un caoutchouc excellent, entre autres celui connu dans l'industrie sous le nom de *caoutchouc rose de Madagascar*, qui se prête merveilleusement à la fabrication des objets moulés. Aussi est-il particulièrement recherché des fabricants de jouets et d'articles de chirurgie, pour lesquels est presque indispensable cette gomme, qu'il est difficile, assure-t-on, de se procurer ailleurs qu'à Madagascar.

Il existe une autre variété de lianes, connues sous le nom de *Robangy*. Les indigènes ne l'ont jamais exploitée, ignorant le moyen de faire coaguler le latex. Nous avons pu y arriver après de nombreux essais. Le caoutchouc obtenu est clair, presque transparent, et d'une élasticité extraordinaire.

Cette forêt a été un peu exploitée par les indigènes aux environs des villages situés dans les vallées de l'Ifasy, de la Ramena et du Sambirano; mais ils n'ont réellement causé quelques dommages que dans un rayon de 5 à 6 kilomètres autour des principaux centres.

On peut estimer la densité du boisement à raison de 400 arbres à l'hectare, sur lesquels un vingtième au moins représenté par des essences à caoutchouc. Nous laissons complétement en dehors de cette estimation toutes les lianes, dont les produits sont cependant tout particulièrement estimés et dont la production est susceptible de s'élever à un quart de la production des arbres ci-dessus.

Il est également à noter que l'exploitation indigène n'a porté jusqu'à ce jour que sur les essences à latex abondant et coagulant facilement. Mais il est à supposer qu'il existe d'autres variétés, analogues au Robangy déjà cité, inutilisées par suite des difficultés de traitement, dont une exploitation méthodique pourra tirer un excellent parti.

Autres Essences. — L'essence principale est le *Tontorna*, dont la feuille ressemble à celle du manguier. Son bois est blanc, assez léger et se prêterait à tous les usages auxquels est employé le bois de peuplier. Il conviendrait également au boisage des travaux de mines. Il offrirait donc, à ce point de vue, un intérêt tout particulier pour le Transval, obligé de tirer d'Europe tous les bois qui lui sont nécessaires. Le Tontorna est remarquable par les dimensions qu'il atteint. Nous en avons mesurés de 6, 8 et 10 mètres de circonférence, avec 30 et 35 mètres de hauteur.

Le *Hazovola*, joli bois d'ébénisterie, le bois de rose, l'ébénier, le palissandre et bien d'autres essences pourraient être exploités avantageusement, en raison d'abord de leur valeur et des facilités des transports fluviaux.

Main d'œuvre.— La main d'œuvre peut être fournie par les Antakara, tribu très nombreuse, qui, longtemps avant l'occupation, avait accepté notre protectorat ; par les Sakalaves, commandés par Tsi-Aras, qui, depuis longtemps aussi, reconnaît notre souveraineté, enfin par les Tsimihety, peuple doux et travailleur, habitant la forêt, et ne demandant qu'à travailler pour le compte d'Européens, comme nous avons pu nous en assurer dans les nombreux kabarys au cours desquels nous avons eu maintes fois l'occasion de nous entretenir avec eux de ce sujet si capital de la main d'œuvre.

Salubrité. — Ce qui distingue cette région des autres parties de l'île, c'est l'absence de marécages et des vallées plates, tourbeuses, qui caractérisent le haut plateau. C'est probablement à cela et au régime très tranché des saisons pluvieuses et sèches qu'il faut attribuer l'état de salubrité de ce pays, où nous avons pu voyager et même résider pendant plusieurs mois sans aucun inconvénient pour notre santé. D'autre part, nous avons pu constater ce fait remarquable que les indigènes n'y sont jamais atteints de fièvres comme dans le reste de l'île.

Elevage.— A côté de ces ressources, déjà nombreuses, vient se placer naturellement l'industrie de l'élevage, que nous ne ferons qu'indiquer, qui est destinée à jouer un rôle marqué dans le développement commercial de l'île.

Madagascar, par l'extrême abondance du bétail, par sa situation géographique, nous paraît devoir être, à brève échéance, appelée à pourvoir aux besoins, non seulement des îles voisines : Bourbon, Maurice, etc., mais de la plus grande partie de l'Afrique australe, pays de consommation sans cesse croissante.

De fructueuses opérations pourront encore être tentées avec l'élevage du cheval et du mulet dans les hauts plateaux. Le climat presque européen du massif central, ses pâturages très étendus sinon très riches, les prix élevés qu'atteindront longtemps encore les produits, permettent d'envisager favorablement des entreprises de ce genre.

Avenir des Races. — Il nous reste encore, Messieurs, pour que cette étude des ressources de Madagascar soit complète, à vous parler d'une richesse spéciale, pas assez connue, insuffisamment appréciée, destinée cependant à devenir l'un des facteurs les plus importants de la mise en œuvre immédiate du sol Malgache et de la pénétration des idées civilisatrices dans les parties les plus reculées de l'île.

Nous voulons parler de la race Hova.

« Les Européens qui fréquentent les côtes de Madagascar auront de la « peine à croire qu'au centre de l'île, à 30 lieues de la mer, dans un pays « jusqu'à présent inconnu, qu'entourent des peuplades brutes et sauvages, « il y a plus de lumière, plus d'industrie, une police plus active que sur « les côtes. »

Ceci était écrit en 1777, par Mayeur, interprète de Beniewski, au retour d'un voyage à Tananarive.

Aujourd'hui, comme au siècle dernier, la zone côtière est habitée par les mêmes populations d'êtres à peau noire et à cheveux crépus, tous probablement issus des primitifs Vazimbas, les aborigènes, la vieille race d'avant la conquête « hova » (1). Et ces peuplades réfractaires à tout progrès — curieuse ceinture de barbarie autour d'une ébauche de civilisation — sont demeurées brutes et sauvages, tandis que le Hova, l'étranger d'origine malaise, le conquérant à peau jaune et aux cheveux plats, continuait à af-

---

(1) E. Gauthier. — *Ambohimanga la ville sainte.*

firmer la supériorité de sa race, en affinant son esprit et en polissant ses mœurs.

D'une intelligence vive, souple et déliée, d'esprit non créateur mais essentiellement imitateur, le peuple hova est susceptible de s'assimiler très vite et d'une façon très complète, nos usages, nos coutumes, tous les raffinements de notre civilisation.

Avant dix ans, le Hova consommera les produits les plus divers de notre industrie, et le commerce de la Métropole trouvera, au fur et à mesure du développement de cette race, une source de débouchés toujours croissants.

Le Hova — quelque paradoxale que puisse paraître cette opinion — doit être considéré comme le véritable élément colonisateur des *hauts plateaux et des parties insuffisamment fécondes de l'île.* — Là où l'Européen ne pourra s'établir pour une cause quelconque — insuffisance de ressources, insalubrité, etc., — avec son tempérament de chinois industrieux et travailleur, faisant du commerce ou cultivant le sol, le Hova s'implantera et fondera une famille.

Le but à poursuivre nous paraît être la mise en œuvre méthodique par cette race intelligente de tous les points de l'île *inexploitables par l'Européen ;* les peuplades de race noire, la plupart nomades et inassimilables, finissent par disparaître, absorbées par l'envahissement continu du Hova.

En somme, favoriser le développement progressif de cette race sera en même temps favoriser l'extension d'un débouché naturel pour nos produits métropolitains et l'accroissement d'une main d'œuvre intelligente que la nécessité de satisfaire à des besoins nouveaux obligera à travailler et à produire.

Vous voyez, Messieurs, que les éléments de succès sont, à Madagascar, multiples et variés. Les capitaux peuvent s'y porter sans crainte ; ils n'y resteront point improductifs.

Il ne manque malheureusement à notre colonie que ce qui manque à tant d'autres, des colons. Le développement des idées d'expansion coloniale et sa progression constante nous permettent d'augurer favorablement pour la mise en œuvre prochaine du vaste empire colonial français. Rappelons-nous donc qu'à Madagascar, plus que partout ailleurs peut-être, nous sommes assurés de trouver, sinon la fortune immédiate, du moins la large rémunération de nos efforts.

MEURS-BOUSSAND.

Bourg, imp. Francisque ALLOMBERT.

14

www.ingramcontent.com/pod-product-compliance
Lightning Source LLC
Chambersburg PA
CBHW061808040426
42447CB00011B/2547